AF329209

MINISTÈRE DES FINANCES.

RAPPORT

Fait par le ministre des finances (1)

AU DIRECTOIRE EXÉCUTIF,

Sur la réponse au message du Conseil des Cinq-Cents, en date du 8 floréal, contenant demande de pièces justificatives de l'état des fonds affectés aux dépenses de l'exercice de l'an 7, & annexé au message du Directoire exécutif du 6 de ce mois.

CITOYENS DIRECTEURS,

Je vous apporte les pièces justificatives de l'état des fonds que vous avez annexé au message adressé au Conseil des Cinq - Cents le

---

(1) Le 9 ou 10 floréal an 7.

a

6 de ce mois. Il m'a paru néceſſaire, en en dreſſant l'inventaire, d'y ajouter quelques notes ſommaires, qui rendent plus facile l'application des calculs qu'elles contiennent.

Je joins à ce rapport,

1°. Deux bordereaux de recouvremens faits à l'époque du 30 ventoſe an 7, dans chacun des départemens de la République, autres que ceux de l'*île de Corſe* & *des pays conquis* ſur la rive gauche du Rhin. Le premier ſe rapporte à la contribution *foncière*, & le ſecond à la contribution *perſonnelle.*

Le dernier n'élève le montant de la contribution perſonnelle en principal qu'à 26,775,000 fr. J'ai cependant compris cet article pour 30,000,000 fr. en plein dans l'état des fonds ; la différence ſera couverte par le produit des taxes ſomptuaires, & des retenues à faire ſur les traitemens. Cet objet ne peut être connu qu'à meſure que les rôles ſeront arrêtés.

Les deux contributions dont je viens de parler ſe compoſant de deux parties que l'ordre de la comptabilité nous impoſe l'obligation de diſtinguer, le *principal* & *l'acceſſoire*, j'ai réuni les deux états dans une feuille qui les diſtingue ſur la ſomme totale des recettes.

2°. Quarante-ſix départemens ayant terminé les états définitifs de la première contribution des portes & fenêtres, j'en remets le tableau ſous le n°. 2, & j'y annexe une note qui annonce que le produit préſumé de cette contribution eſt de 6,931,357 francs. Il faudra déduire de cette ſomme le décime accordé en remiſe aux communes, & les frais de perception. Je ne puis point préſenter le tableau du doublement de cette taxe. Je ſais qu'à Paris il a excédé le montant des premiers rôles. Je l'avois ainſi calculé d'avance : mais j'avois prévu qu'il en ſeroit autrement dans les autres départemens, & la correſpondance le prouve. Cette vérité s'eſt démontrée d'ailleurs par les deux obſervations ſuivantes : le doublement porte principalement ſur les portes cochères, leur proportion eſt plus forte à Paris que par-tout ailleurs ; le doublement n'atteint point les maiſons à une ſeule porte & à une ſeule fenêtre. Il en exiſte beaucoup dans les départemens.

3°. Je vous remets l'original de l'état des produits de toute na-

3

ture de la régie de l'enregiftrement & du domaine national dans
les départemens de la République, pendant le mois de ventofe an 7 ;
je ne peux pas y joindre celui du mois de germinal, la chofe eft
phyfiquement impoffible ; car fes états fe compofent des arrêtés
de compte de chaque mois. Il eft fenfible qu'on ne peut avoir le 8,
à Paris, des états qu'on n'a pu arrêter que le 3o à minuit, dans
des départemens dont les dépêches n'arrivent point en dix jours.

4°. Je remets pareils états du produit des recouvremens confiés
à la même régie pour les mois de nivofe & ventofe, & un état
qui fe rapporte au premier trimeftre. Cette dernière feuille fait con-
noître le produit brut, les déductions à faire pour les frais de toute
nature & le reftant net.

5°. J'annexe à ces états le tableau certifié que la régie m'a re-
mis le 2 de ce mois, lorfque je l'ai confultée fur le produit brut,
pendant le premier femeftre, de tous les recouvremens qui lui font
confiés, fur les déductions à faire pour les frais, fur le reftant
net, & l'apperçu, en la même forme, des revenus préfumés pendant les fix derniers mois.

Dans le tableau que j'ai annexé au rapport joint au meffage du
6 de ce mois, j'ai augmenté d'un million le produit de l'enregiftrement, parce que la régie en avoit déduit le montant de l'indem-
nité accordée aux membres des affemblées électorales, éva-
luée à un million, & qui eft ordinairement porté dans l'état des
fonds arrêtés par le Corps légiflatif.

Si l'on obfervoit que les déductions portées fur ces produits excè-
dent le taux ordinaire, je repondrois qu'on doit confidérer qu'il
a été indifpenfable d'y comprendre la remife générale accordée
fur les produits de l'an 6, parce qu'elle eft retenue fur l'exercice
fuivant.

Les étatsque je viens de préfenter contenant des articles féparés
pour le timbre & pour les hypothèques, je me réfère à leur con-
tenu fur cet objet ; j'ajoute que le produit du timbre a furpaffé,
pendant le mois de ventofe, tout ce que les mois antérieurs pro-
mettoient, mais que cet avantage momentané doit être attribué aux

approvifionnemens qu les différens confommateurs font toutes les fois que le tarif ou l'empreinte change.

6°. Les états (1) certifiés par les fermiers-régiffeurs des poftes aux lettres, du produit brut & du produit net de leur recette ; les détails dont ces réfultats fe compofent font tellement multipliés qu'il n'a pas été poffible de réunir ceux du fecond trimeftre ; mais je penfe qu'on a le calcul le plus approximatif poffible en doublant les états du premier.

7°. Je vous remets, citoyens directeurs, un réfultat, par moi certifié conforme, de l'état, par départemens, des ventes faites en exécution des lois des 9 vendémiaire & 24 frimaire an 6, des recouvremens effectués fur les prix defdites ventes, jufqu'à l'expiration du délai de cinq décades, accordé par la loi du 27 brumaire an 7 ; & de ce qui reftoit à recouvrer à la même époque.

Il en réfulte que le nombre des articles vendus eft de 40,813 ; la moitié de la première mife à prix, payable en tiers confolidés, eft de 123,016,957 fr. 13 c.

La deuxième moitié, & le produit des enchères s'élèvent à 4,484,092,821 fr. 13.

Il reftoit dû à l'expiration du délai, pendant lequel les deux tiers mobilifés avoient pu être fournis en payement, 3,045,806,304 f. 13 centimes.

Cette fomme, calculée rigoureufement au cours de 40 fols, repréfenteroit 61,000,000 fr., environ. Ce feroit une grande erreur que de compter fur cette fomme ; il eft facile de le démontrer.

Quoiqu'il ne foit pas poffible d'avoir encore des états exacts, on évalue à 30,000,000 fr., ce qui a été payé : ceci repréfente la moitié de la fomme due ; il en eft rentré à-coup-fûr une partie au cours de 38 & de 39 fols : première diminution.

---

(1) Les états n'ont pu être mis au net, ils feront envoyés extraordinairement. (*D. V. Ramel.*)

Il reſtoit dû, à l'époque à laquelle cet état ſe rapporte, & ſur la première moitié de la miſe à prix, 58,013,719 fr. 89 centimes, ce qui repréſente les deux cinquièmes de la totalité des ventes. Cette donnée pronoſtique de nombreuſes déchéances; elles porteront principalement ſur les dernières ventes, qui cependant ont été les plus productives, conſidérées ſous le rapport du montant de l'adjudication.

La ſomme totale des bons de deux tiers s'élevoit à 4,484,092,821 f. 13 centimes.

Il en a été payé en nature 1,528,969,775 fr. 8 centimes; il en reſtoit donc à racheter pour 3,045,000,000. J'ai évalué ce qu'on pourroit tirer du rachat à 40,000,000. Je crois avoir porté mon calcul au *maximum*.

8°. Je fais procéder au dépouillement de toutes les réponſes qui me ſont parvenues des adminiſtrations centrales, ſur la queſtion de ſavoir à combien on pouvoit élever l'apperçu du rachat des *domaines engagés* ; le réſultat de ce travail n'eſt rien moins que concluant. La régie le fait ſuivre de ſon côté ; elle a commencé ſes recherches aux archives domaniales à Paris. Toutes mes données ſont infiniment vagues ſur cet objet; plus de deux mois ſont encore néceſſaires pour avoir des calculs approximatifs; & je ne ſaurois à quelle ſomme me fixer entre 5 ou 15,000,000 fr. Au ſurplus, je perſiſte à penſer que cet article doit être compris dans le ſecours extraordinaire de 125,000,000 à prendre ſur les domaines à vendre, parce qu'il ne faut point oublier que cette délégation demeurera preſque nulle, ſi elle n'eſt puiſſamment ſecondée.

Il n'exiſte point d'état des ſoumiſſions connues, du nombre des maiſons, de la contenance & valeur des objets déja ſoumiſſionnés, les maiſons ſe vendant aux enchères & ſans ſoumiſſion préalable.

La régie s'occupe de la liquidation des fruits à répéter des copropriétaires des biens indivis avec les émigrés ; cette reſſource a été priſe en conſidération dans l'évaluation du produit des domaines, portée dans mon rapport du 6 de ce mois à 23,000,000. Que l'on conſidère en effet que les évaluations que j'y ai faites ſont en produit net, & déduction faite de la contribution foncière payable en écus; que les ventes faites pendant l'an 6 emportent au moins

15,000,000 de rentes , & que celles de l'an 7 entraîneront avec
elles une autre diminution (1).

Il m'a paru , citoyens directeurs , que l'état des pièces que je
viens de vous préfenter , répond à la demande du Confeil des Cinq-
Cents. Ces détails juftifient les réfultats préfentés dans votre meffage du 6 de ce mois.

Le miniftre des finances ,

D. V. RAMEL.

---

(1) Les biens que poffédoient les co-propriétaires de biens indivis avec les
émigrés , viennent d'être repris en vertu de la loi du 9 frimaire , & forment un
avantageux remplacement de capital,

DE L'IMPRIMERIE NATIONALE.

Floréal , an 7.

RÉSULTAT
DE L'ÉTAT GÉNÉRAL DES VENTES

FAITES en exécution de la loi du 9 vendémiaire an 6, et des recouvremens effectués sur le prix desdites ventes jusqu'à l'expiration du délai de cinq décades accordé par l'article VI de la loi du 27 brumaire an 7, et de ce qui restoit à recouvrer à la même époque.

RÉSULTAT des ADJUDICATIONS.				RÉSULTAT DES PAIEMENS						RÉSULTAT des ADJUDICATIONS NON SOLDÉES.				RESTANT DÛ		DATE	D'ATE
NOMBRE d'articles.	MOITIÉ de la première mise à prix.	SECONDE MOITIÉ de la mise à prix et produit des enchères.	MONTANT TOTAL des Adjudications.	MONTANT des SOMMES Payées sur la première moitié de la mise à prix.	EN NUMÉRAIRE.	Représenté par le numéraire.	En Bons de deux tiers.	Total valeur bons de deux tiers.	NOMBRE des adjudications soldées.	NOMBRE d'articles.	MOITIÉ de la première mise à prix.	Moitié de la seconde mise à prix et enchères.	TOTAL des adjudications non soldées.	Sur la première moitié de la mise à prix.	Sur la seconde moitié de la mise à prix et enchères.	DATE de la PUBLICATION de la loi du 27 brumaire an 7.	DATE de l'expiration du délai accordé par l'art. VI de ladite loi.
40,813.	123,016,957.13.	4,484,092,821.31.	4,607,109,778.44.	85,[illegible],364.	673,537.20.	114,984,235.76.	1,403,985,519.32.	1,518,969,755.08.	19,086.	21,807.	58,013,719.89.	3,241,452,818.40.	3,299,666,538.29	37,760,021.19.	3,045,806,304.13	du 8 au 29 fr. an 7	du 28 ni. au 29 pl.

Certifié exact. Le ministre des finances, D. V. RAMEL.

ÉTAT DES PRODUITS NETS DE TOUTE NATURE

DE LA RÉGIE DE L'ENREGISTREMENT ET DU DOMAINE NATIONAL,

PENDANT les six premiers mois de l'an 7, et apperçu des mêmes produits pendant les six derniers mois de ladite année, sous la déduction des frais et dépenses relatifs à chaque partie de recette.

Premier semestre de l'an 7

DÉSIGNATION DES BRANCHES DE REVENUS PUBLICS.	PRODUIT brut des six premiers mois de l'an 7.	Restitutions effectuées, achats de papiers à timbrer, et autres mises dehors.	Traitemens, remises des préposés, et autres frais de régie.	Contributions, réparations, et autres dépenses d'administration.	PRODUIT net pour le trésor public.
ENREGISTREMENT. — Actes civils .... 23,215,485 ; Actes judiciaires .... 2,517,495 ; Actes d'huissiers .... 1,681,579 ; Successions 3,605,017	30,019,506	173,678	1,132,120		28,722,998
TIMBRE. — Ordinaires et extraordin. 7,662,455 ; Des journaux et affiches. 592,633 ; Des cartes. 187,319	8,642,407	109,467	397,686		7,935,254
Hypothèques	1,540,960		61,638		1,479,322
Amendes et autres peines pécuniaires	1,019,778	75,611	41,991		902,176
Patentes	10,579,316	498,491	982,612		9,098,213
Droits sur les messageries	381,912		15,276		366,636
Droit de garantie sur l'or et l'argent	302,923		164,969		137,954
Droits sur les tabacs	69,632		7,427		62,205
[illegible]	281,817		43,968		187,931
Frais de justice recouvrés					
Valeurs sur des biens saisis réellement	111,169		4,753	104,193	2,223
Domaines nationaux	13,579,837		583,592	4,681,157	8,310,288
Actes de l'état civil de Paris	35,604		1,438	26,518	5,400
Ponts et canaux	800,015		35,533	216,567	567,815
Biens vacans et déshérences	199,397		6,517		192,760
Fermages de biens nationaux et rentes	19,282,903	272,961	562,631	6,032,782	12,414,529
Créances recouvrées et remboursemens	911,335		36,443		874,892
Prix de vente de mobilier	1,799,681		76,402	104,524	1,618,605
Prix de vente de domaines nationaux payés en numéraire	21,531,370		828,025	160,351	20,432,994
	110,847,792	1,170,208	5,028,589	11,326,222	93,262,275

Six derniers mois de l'an 7 (apperçu)

DÉSIGNATION DES BRANCHES DE REVENUS PUBLICS.	PRODUIT brut présumé du dernier semestre de l'an 7.	Restitutions effectuées, achats de papiers à timbrer, et autres mises dehors.	Traitemens, remises des préposés, et autres frais de régie.	Contributions, réparations, et autres dépenses d'administration.	PRODUIT net présumé pour le trésor public sur les perceptions des six derniers mois.	OBSERVATIONS.
ENREGISTREMENT	30,681,993	191,245	1,793,543		30,697,535	On doit espérer de l'augmentation sur les droits des successions dans les six derniers mois. Il a été fait déduction sur cet article et les suivans, des restitutions effectuées, des remises particulières des receveurs, de la remise générale allouée aux autres employés et des divers frais du régie.
TIMBRE	9,561,896	125,138	541,211		8,897,547	Il a été aussi fait déduction des prix d'achats de papiers à timbrer.
Hypothèques	3,634,816		114,138		3,520,648	À cause de l'augmentation que produiront les nouvelles lois concernant les hypothèques.
Amendes et autres peines pécuniaires	1,164,279	68,050	60,589		1,035,740	Distraction faite des amendes attributives.
Patentes	9,509,699	448,642	1,203,222		7,857,845	Idem, du dixième des patentes, attribué aux municipalités.
Droits sur les messageries	446,871		81,589		404,282	
Droit de garantie sur l'or et l'argent	633,515		536,038		296,477	Il a été fait déduction des traitemens et attributions payés aux différens employés du droit de garantie.
Droits sur les tabacs	2,700,000		182,000		2,515,000	Cette perception n'a commencé qu'en ventose.
[illegible]	1,600,000		400,000		1,200,000	La perception dans les communes autres que Paris n'a commencé qu'en germinal. Il a été fait déduction des traitemens et attributions des préposés.
Frais de justice recouvrés	200,000		15,750		185,250	Cette perception est établie par la loi du 18 germinal an 7. On manque de base pour l'évaluer avec précision.
Valeurs sur des biens saisis réellement	112,000		6,600	101,200	2,200	Il ne reste en résultat, au trésor public, que les deux pour cent des revenus recouvrés.
Domaines nationaux	8,975,733		636,177	2,873,851	5,505,485	Les déductions sont considérables, à cause de la contribution foncière payée au cinquième, des traitemens des agens et gardes forestiers, frais d'arpentage, etc.
Actes de l'état civil de Paris	41,000		2,460	31,737	6,833	Déduction faite des traitemens payés aux préposés de l'état civil de Paris.
Ponts et canaux	1,109,252		66,455	161,955	880,742	Il a été fait déduction du montant de la contribution foncière et des réparations. On n'a pas compris les salines de la Meurthe et du Jura, affermées cinq millions, ni le canal d'Orléans, affermé 512,000 francs.
Biens vacans et déshérences	105,420		8,599		96,821	
Fermages de biens nationaux et rentes	17,164,220	742,631	787,187	5,199,501	10,934,878	Il y a déduction des frais de culture et réparations, et de la contribution foncière acquittée.
Créances recouvrées et remboursemens	1,032,175		49,319		930,838	
Prix de vente de mobilier	1,455,082		80,304	111,257	1,236,509	Distraction faite des frais de vente.
Prix de vente de domaines nationaux payés en numéraire	42,000,000		2,095,314	527,409	39,812,248	Dans cette évaluation sont compris les prix recouvrés ou à recouvrer dans l'année, en numéraire ou obligations, sur les ventes faites en vertu de la loi du 9 vendémiaire an 6, et des précédentes ; sur celles en vertu de la loi du 25 vendémiaire an 7, et de celle du 14 ventose suivant, relative aux domaines engagés. On n'a pas compris les sommes de prix de vente payées en tiers consolidé et deux tiers mobilisés. Les premières s'élèvent, pour les six premiers mois, à 41,856,546 francs, valeur nominale ; et les deux à 372,923,493 francs.
	134,128,792	1,205,112	8,314,622	7,803,0[illegible]	113,998,180	

Dans l'original de ces états remis au ministre, il a été compris aux déductions portées à la sixième colonne, une somme de 1,012,000 francs pour les frais d'assemblées d'électeurs, à raison desquels on ne connoît aucun crédit ouvert à un ministre ; mais cette dépense étant étrangère à la régie, elle doit être ici déduite, ci . . . . 1,012,000 | 1,012,000

Reste en prélèvemens et frais de régie . . . . 7,802,622 | 117,010,180 — Ajouté pour les raisons ci-contre.

Certifié par nous soussignés régisseurs de l'enregistrement et du domaine national. A Paris, le 14 floréal an 7 de la République. Poissant, Bonnet, Lacoste, Crance, Duchemin.

ADMINISTRATION GÉNÉRALE

DES

POSTES AUX LETTRES.

———

Il est impossible de donner, avec une précision définitive, des états des produits et des dépenses des postes pour les six premiers mois de l'an 7.

A peine les pièces qui doivent servir à former le compte du trimestre de nivose pour l'intérieur sont elles arrivées à Paris, et celles des bureaux d'armées, de la Corse et de l'Etranger, ne pourront arriver que successivement. Plusieurs du quartier de vendémiaire même manquent encore.

D'ailleurs les rebuts et les déboursés donnent lieu à des rejets d'un quartier sur l'autre.

On ne peut donc offrir que des apperçus très-approximatifs.

Déja il en a été donné un basé sur le produit, lors apparent du mois de messidor, premier de la ferme, multiplié par douze.

Celui que l'on offre aujourd'hui est pris sur le produit connu des trois premiers mois de l'an 7, multiplié par deux, pour donner le produit des six premiers mois demandé.

Il seroit encore plus difficile de donner les états au vrai des dépenses que ceux de la recette.

Ce n'est point pendant le cours d'un trimestre, et sur-tout du second trimestre d'une exploitation nouvelle, que ses dépenses sont ni fixées ni arrêtées ; et tel trimestre présente beaucoup plus , ou beaucoup moins d'occasions de dépense que tel autre.

De sorte que les états au vrai de la dépense des six premiers mois, s'il étoit possible de les présenter, ne pourroient servir de base certaine,

Rapport du ministre des finances.   a

ni pour évaluer les dépenses des six premiers mois expirés, ni, par conséquent, celles de l'année entière.

On croit donc ne pouvoir mieux remplir les vues du gouvernement qu'en lui présentant, d'une part, les dépenses ordinaires, telles qu'elles sont réglées présentement; et de l'autre, les dépenses extraordinaires par approximation, sur ce qu'elles ont été, pendant les six premiers mois, pour les objets déja connus; et, pour les objets non réglés, sur ce qu'ils paroissent devoir être comparativement aux dépenses de même nature qui ont eu lieu en l'an 5, seule année bien connue, d'après les calculs de la régie qui a précédé l'administration actuelle.

Ainsi, les états que l'on présente sont ceux de six mois, applicables, en très-grande partie, aux six premiers de l'an 7, et complétement aux six derniers, dans l'état actuel du service.

Appercu du produit brut des postes aux lettres pour le premier semestre de l'an 7, le quartier de nivôse évalué sur celui de vendémiaire.

Recette de Paris . { Affranchissemens et chargemens de lettres et ouvrages périodiques pour les départemens . 247,450 fr.

Produit de la distribution dans Paris et dans son arrondissement . 759,069

Droit de 5 pour cent perçus sur les articles d'argent déposés à Paris, pour être payés dans les départemens 11,873

Produits de toute perception dans les départemens 2,867,590

Produit des bureaux d'armées (1) 100,352

Apperçu du produit net, déduction faite des dépenses des quatre départemens réunis de la rive gauche du Rhin, suivant les états envoyés par l'inspecteur général, pour le quartier de messidor. 30,952

Produit par apperçu sur les comptes antérieurs de la correspondance avec les pays étrangers 100,000

       Produit par quartier 4,117,286

       Multiplié par 2

       Donne pour six mois. 8,234,572

---

(1) Il y aura une recette fictive pour les lettres remises franches aux généraux et principaux fonctionnaires militaires.

Apperçu des dépenses du service des postes pour le premier semestre de l'an 7, calculées sur celles d'une année entière dans l'état actuel du service.

Appointemens à Paris et dans son arrondissement. . . . .   755,637 fr.

Frais de bureaux, contenant ceux d'impression, ficelle, papier, habillement des facteurs, loyers de bureaux, frais de régie du bureau de la division de Paris, des bureaux de distribution de la même commune et de la banlieue, port de la monnoie de cuivre, bois, lumière et autres frais extraordinaires et imprévus des bureaux de Paris et de la banlieue   118,460

Frais extraordinaires, évalués à environ   7,500

Contribution foncière   5,627

Ouvriers et bâtimens, fournisseurs (évalué aux trois quarts de l'an 5, qui a eu des dépenses extraordinaires)   17,548

Appointemens des inspecteurs   40,500

Frais de tournées et de voyages extraordinaires des inspecteurs, évalués aux trois quarts de ceux de l'an 5.   27,824

Appointemens des directeurs et employés dans les départemens .   855,374

Frais du transport des dépêches en poste.

Routes exploitées directement par l'administration .   922,750 fr.

Passages de rivières, montagnes et frais extraordinaires, évalués à la moitié de ceux de l'an 5 . .   17,147

A déduire   939,897

Bénéfice présumé sur les voyageurs, sur les routes exploitées directement , ...   75,000

Reste en dépense   864,897

Routes exploitées par entreprises générales, mais toujours en poste   114,510   } 979,407

Frais du transport des dépêches par entreprise   641,556

Appointemens aux employés des armées   319,564

Droit d'entretien des routes exploitées par l'administration, environ   150,000

Fraisdu commissariat, comprenant le commissaire central du Directoire exécutif et sept substituts, appointemens de commis, frais de bureaux et de tournées, par évaluation   50,000

Remboursemens d'articles perdus ou volés, et autres accidens de force majeure (ils ont monté en l'an 5 à 59,120 fr.   29,560

Total pour six mois   3,998,557

Résultat des apperçus ci-dessus présentés.

Le produit brut s'élève, pour six mois, à .   8,234,572 fr.
Les dépenses à   3,998,557

Partant la recette nette, pour six mois, est de   4,236,015

Certifié par nous administrateurs généraux des postes.

A Paris le 9 floréal an 7.

   Signé, LANOUE, ANSON, AUGUIS, FAVIÉ.

Vu par le commissaire du Directoire exécutif près l'administration des postes.

      Signé, LANOUE.

Vu par le ministre des fignances,

     Signé, D. V. RAMEL.

A PARIS, DE L'IMPRIMERIE NATIONALE.

Prairial an 7.